AF264181

CAUSES LÉGITIMÉS

DE LA GUERRE

CONTRE L'ESPAGNE,

ENTREPRISE

PAR LE GOUVERNEMENT FRANÇAIS.

PARIS,

PLANCHER, LIBRAIRE, QUAI SAINT MICHEL, N° 15.

1823.

CAUSES LÉGITIMES

DE LA GUERRE

CONTRE L'ESPAGNE

ENTREPRISE PAR LE GOUVERNEMENT FRANÇAIS.

LA question de la guerre d'Espagne a suivi la marche que lui traçaient les formes et l'esprit de notre gouvernement. L'opinion l'a d'abord soumise à l'indépendance de ses arrêts. S'élevant ensuite jusqu'à la tribune des chambres, elle a trouvé pour la combattre les chefs les plus ardens de l'opposition, et pour la soutenir et la défendre, les orateurs de notre majorité parlementaire.

Ce grand débat, si nouveau dans nos mœurs, dans nos fastes, et qui tenait l'Europe attentive autour de nous, a permis de tout dire, et en a donné le temps. Chaque passion s'est fait entendre; aucun intérêt, même le plus contraire à la France, n'a manqué d'interprète; il n'est pas jusqu'à l'esprit de faction qui, levant sa tête à travers nos libertés, n'ait apparu avec sa haine, ses projets, sa turbulence et ses sophismes. Tout est donc épuisé. Les faits seuls ont à parler maintenant; ils forment la partie historique d'une discussion à laquelle il est temps qu'ils prêtent leur appui. On verra que la guerre d'Espagne, loin d'être une agression, ainsi qu'on l'a prétendu, est entreprise dans le seul intérêt d'une défense légitime ; on verra que, loin d'attaquer un allié loyal, livré, ainsi qu'on a voulu le faire croire, aux soins qu'exige sa liberté naissante, nous nous armons pour soutenir notre indépendance contre un ennemi qui l'inquiète et la menace. Disons-le hautement, depuis qu'elle existe, la révolution espagnole est en guerre avec la monarchie française. La révolution, cette rouille des sociétés modernes, ne s'était attachée à l'Espagne que pour s'étendre, plus tard, jusqu'à nous. Nous étions circonvenus, et comme assiégés par un système de perfidies, de fraudes et de haines, dont il fallait à tout prix nous affranchir. Ce n'est donc ni l'ardeur des conquêtes, ni le projet insensé d'arracher un peuple à ses lois, qui nous presse et nous jette hors de nos frontières : c'est le soin de notre vie politique ; c'est le besoin de sauver la monarchie légitime ; en un mot, c'est la nécessité : elle marche, avec la justice, en tête de nos légions.

Lorsque la révolte, cette mère commune de tous les traîtres, eut donné dans l'île de Léon un signal aux révolutionnaires de tous les pays, nos yeux se tournèrent avec inquiétude vers l'Espagne. Sa révolution, qui n'était encore menaçante que pour notre avenir, dépouillait déjà le présent de sa sécurité.

Bientôt les événemens de Naples, où l'on proclamait la constitution des Cortès; ceux de Turin, où se répétaient les scènes de Madrid et de Naples, et dont le contre-coup se fit sentir jusqu'à Grenoble, nous apprirent que le moment approchait où les restes mal éteints de nos discordes civiles allaient se rallumer. Naples et Turin comprimées diminuèrent le danger : il n'exista plus que sur un point. Nous crûmes que les Pyrénées suffiraient pour nous défendre : un Fils de France, sur le trône d'Espagne, les avait abaissées devant nous; devant les Cortès, il fallut les relever. La situation politique des deux royaumes était donc bien changée! et pourtant nos relations ne furent point interrompues; seulement l'Espagne cessa de les rendre franches et amicales. Elle osa même, dans les illusions d'une prétendue supériorité, tenir un langage que la France est plus accoutumée à parler qu'à entendre. Au dire des révolutionnaires espagnols, il suffisait de faire descendre le drapeau tricolore du haut des monts qui bordent la frontière, pour submerger le trône de nos rois sous les flots de la population soulevée. Songer au drapeau tricolore, c'était révéler quelle pensée était au fond de la révolution espagnole, et quels intérêts elle cherchait à remuer. Cette pensée, se manifestant chaque jour davantage, l'Espagne ne cacha plus ses actes tout à fait hostiles.

Le fléau qui désolait Barcelone venait de nous imposer le devoir d'établir un cordon de troupes pour empêcher le contact des deux peuples. Cette mesure n'avait rien d'alarmant, rien d'hostile pour l'Espagne. Nous l'avions employée en 1720 contre l'une de nos provinces, qui, victime d'un mal contagieux, se vit ainsi séparée du royaume; malgré ces précautions, nous regardions si peu l'Espagne comme notre ennemie, que nous envoyâmes vers elle des Français avec mission d'étudier le mal et de le secourir. Certes! le bon voisinage ne pouvait aller plus loin. Cependant quelle fut à cette époque la conduite de l'Espagne? Elle accueillit dans son sein nos criminels d'état, qui, échappés à nos tribunaux et ennemis des Bourbons d'un côté des Pyrénées, n'eurent qu'à franchir ces monts pour trouver dans le gouvernement espagnol des amis et des protecteurs.

Dès ce moment tout prit un caractère de gravité. La faction espagnole fit insérer dans les

journaux anglais des articles, et jusqu'à des
chansons outrageantes pour la maison de France.
On y excitait nos troupes à la révolte au nom
de la révolution espagnole. Des agens de cette
révolution vinrent se concerter dans Paris avec
des factieux que le gouvernement tenait sous
une surveillance active. Obligés de cacher ici
leurs complots, nos conspirateurs les révélaient
dans des feuilles françaises imprimées à Madrid.
Ces feuilles dénonçaient à l'Europe nos lois, nos
institutions; elles signalaient nos magistrats comme des hommes sanguinaires; enfin, par un dernier degré d'audace, la famille royale était traitée
par ces libelistes, comme le furent, par leurs
criminels devanciers, Louis XVI, la Reine et
Mme Elisabeth. Voici la preuve de tous ces faits,
puisée dans l'une des feuilles interprètes du parti
révolutionnaire.

« L'épée de Damoclès, qui est suspendue sur
» la tête des Bourbons, va bientôt les atteindre.
» Nos moyens de vengeance sont de toute évi-
» dence. Outre la vaillante armée espagnole,
» n'avons-nous pas, dans cette armée sanitaire,
» dix mille chevaliers de la liberté prêts à se join-
» dre à leurs anciens officiers, et à tourner leurs
» armes contre *les oppresseurs de la France?*
» n'avons-nous pas plus de cent mille de ces

» chevaliers dans l'intérieur de ce royaume, dont
» vingt-cinq mille au moins dans l'armée et plus
» de mille dans la garde royale ? n'avons-nous
» pas pour nous cette haine irascible, *que les*
» *neuf dixièmes de la France ont vouée à*
» *d'exécrables tyrans.* »

C'est ainsi que s'exprimait l'*Observateur espagnol*, écrit en français, dans sa feuille du 1er octobre ; c'est-à-dire, trois mois avant que la France eût parlé de guerre par la bouche du roi ; bien avant même que notre sol hospitalier eût accueilli les troupes de la Foi ; à une époque enfin où l'on reprochait au ministère d'arrêter à Bayonne des envois de fusils destinés aux royalistes espagnols.

Il nous serait facile de multiplier ces citations ; dans l'un des numéros de cette même feuille, nous trouverions la qualification d'*infâme*, donnée au gouvernement de Louis XVIII (1). Dans un autre, nous apprendrions qu'un général français, en non-activité, écrit *que le premier coup de canon tiré contre les Espagnols sera le signal de la chute des Bourbons* (2). Dans toutes enfin, le même langage, la même haine, et

______

(1) 9 février.
(2) 16 décembre.

souvent des expressions et des calomnies sur nos princes, que nous ne pourrions transcrire sans indigner tous les cœurs français.

Ces révélations publiques se trouvaient confirmées par des révélations secrètes. Des lettres d'une haute importance, écrites par des hommes dont nous tairons les noms, pour ne pas entraver dans l'avenir la marche de la justice, étaient tombées entre les mains du gouvernement. Là, une partie des plans est dévoilée ; on y voit le projet de former des corps sous le pavillon tricolore, et de proclamer Napoléon II. Les ministres espagnols sont représentés comme se prêtant à ces mesures, demandant seulement aux conjurés la discrétion, et leur recommandant de ne pas aller trop vite. Les journaux français de Madrid, que nous avons cités, annonçaient aussi ces complots.

« Plusieurs Français de distinction, dit l'*Ob-*
» *servateur espagnol,* de ces hommes dont la
» nation se glorifie, et qui ont tant contribué à
» sa gloire, ont conçu le projet de passer en
» Espagne, et d'y former une régence, qui ex-
» pédiera des ordres et des décrets au nom de
» Napoléon II, *légitime empereur des Français,*
» et proclamera l'acte additionnel de 1815. Le
» consentement du gouvernement espagnol qu'ils

» ont sollicité , ne leur sera probablement pas
» refusé. »

Et plus bas, toujours dans la même feuille,
on lit encore : « S. M. l'impératrice Marie-Louise
» sera invitée à venir présider la régence. Il est
» bien certain que *si l'invasion a lieu, nous ver-*
» *rons des* CHOSES ÉTONNANTES. » (1).

Ainsi tombait le voile ; et les révolutionnaires
de l'Europe, se croyant sûrs de leur succès, se
livraient contre la France à un langage dont l'audace surpassait à peine l'indiscrétion.

Il était impossible que le gouvernement français fermât les yeux sur des projets aussi clairs et
sur des périls aussi imminens.

A mesure que les événemens se développaient,
d'autres causes légitimes de guerre contre le gouvernement espagnol venaient se joindre aux pre-
mières. La guerre civile, en s'étendant en Espagne, augmentait à chaque instant nos dangers,
et d'un autre côté, la presque totalité du peuple
espagnol nous appelait à son secours; ce qui,
dans le droit des nations, a toujours été consi-
déré comme un motif légal d'intervention. Enfin,
ceux qui n'auraient pas voulu reconnaître et le
plan de nos ennemis et les efforts qu'ils fai-

____

(1) 19 février, n° 45.

saient pour trouver dans nos rangs des imita-
teurs de Quiroga et de Riégo ; ceux qui auraient
voulu nous contester le droit de craindre et de
repousser la contagion morale de la révolution
espagnole : ceux-là, disons-nous, ne peuvent
plus au moins contester les faits. Parmi ces faits,
nous citerons le fragment d'un écrit imprimé,
qu'on a répandu avec profusion dans les rangs
de nos soldats. Il a pour titre : *Réponse à quel-
ques Discours prononcés au sujet de la guerre.*
L'auteur de ce pamphlet, pour lui donner un
caractère plus grave, plus hostile, suppose que
c'est un sous-officier qui parle au nom de toute
l'armée.

« Si nous refusons d'entrer en Espagne, dit
» l'instigateur des révoltes, on nous menace de
» la garde royale, des Suisses, des Autrichiens,
» des Russes. La garde royale ! nous ne la crai-
» gnons pas : ce sont des Français aussi ; et pas
» plus que nous, ils ne peuvent voir la patrie
» sous le joug. Les Suisses ! les Suisses sont loin
» de leur pays. Ils veulent y retourner ; et ils
» savent que pour cela il ne faut pas qu'ils se
» brouillent avec nous plus qu'ils ne le sont
» déjà. Les Autrichiens ! ils ont assez de l'Italie.
» Les Russes ! faites un signe, Représentans de la
» nation, et nous serons sur la frontière avant eux.

» Vous parlez de l'histoire, Messieurs; que
» pensez-vous qu'elle dirait de nous, si, écoutant
» la voix unanime de notre nation; si, cédant
» aux cris de nos mères et de nos sœurs effrayées
» de la troisième apparition des étrangers, nous
» courions planter notre vieux drapeau sur la
» frontière, et mettant les armes en faisceau,
» nous vous disions : Maintenant la France est
» rendue à elle-même; nous, soldats, comme nos
» devanciers, nous ferons notre devoir, nous
» ferons respecter son indépendance; vous, re-
» présentans de la nation, donnez-lui, *d'après*
» *son vœu, un gouvernement vraiment légi-*
» *time*. Alors nous lui obéirons, parce que ce
» sera la patrie, et non le lieutenant de la Sainte-
» Alliance. »

Ce que l'on tentait sur la partie de l'armée
rassemblée à Bayonne, on l'essayait sur l'autre
partie réunie à Perpignan. Un homme, maintenant dans les prisons de cette ville, fut arrêté
par la gendarmerie à la frontière. On trouva sur
lui plusieurs exemplaires d'une proclamation et
d'un manifeste où le parti révolutionnaire achève
de mettre au jour sa pensée.

Nous donnerons ici ces deux pièces impor-
tantes,

Au grand quartier général de l'armée des hommes libres, sur les monts Pyrénées,
le 1823.

ADRESSE A L'ARMÉE FRANÇAISE.

« Français,

» L'époque est près de nous à laquelle vous fûtes appelés, par les destinées des grandes nations, à apprendre à votre tour au Monde entier ce que peuvent sur les grandes âmes l'amour de la patrie et de l'indépendance nationale ; vous combattites sans cesse avec de nouveaux succès l'hydre du despotisme armée contre vous, en un seul jour, sur tous les points de l'Europe ; en vain les hordes du Nord, en vain les manœuvres machiavéliques de la superbe Albion tentèrent de lasser votre constance et votre courage : vous étonnâtes par des prodiges multipliés de valeur les pervers qui s'étaient flattés, dans leur orgueil, de n'avoir qu'à se présenter pour vous imposer le joug, et vous faire rentrer de nouveau sous la puissance féodale ; vous ne répondîtes à leurs cris sacriléges de devoir et de soumission que par les cris sacrés de liberté et de patrie ; vivre libres ou mourir fut votre devise ; elle vous conduisit toujours dans le sentier de la gloire ; vous vécûtes, vos ennemis pâlirent, le fanatisme et la féodalité brisèrent leurs flambeaux et leurs chaînes dans le désespoir sanglant de la rage et de la mort.

» Ce serait un spectacle bien étonnant pour les générations présentes et futures que de vous voir, en ce jour, l'instrument aveugle de la tyrannie contre une

nation non moins grande que généreuse, qui long-
tems admiratrice de nos vertus, a osé marcher sur vos
traces ! Français, nous courons à vous, non comme
ennemis , mais comme frères ; nous sommes en pré-
sence et en armes. Quel est celui d'entre vous , s'il
s'honore du nom français, qui ne frémira point avant
que de lancer le fer meurtrier qui, en quelque endroit
qu'il soit dirigé, ne peut qu'atteindre un homme
libre ?

» Les puissances étrangères, après s'être efforcées
d'effacer votre gloire qu'elles n'ont pu seulement ternir,
osent vous commander la honte et le déshonneur : vain-
queurs de Fleurus , d'Iéna, d'Austerlitz et de Wagram,
vous laisserez-vous aller à leurs insinuations perfides ?
Scellerez - vous de votre sang l'infamie dont on veut
vous couvrir, et la servitude de l'Europe entière ?
Obéirez-vous à la voix des tyrans pour combattre contre
vos droits, au lieu de les défendre; et ne viendrez-
vous dans nos rangs que pour y porter la destruction et
la mort, lorsqu'ils vous sont ouverts par la liberté sainte,
qui vous appelle du haut de l'enseigne tricolore qui
flotte sur les monts Pyrénées , et dont elle brûle d'om-
brager encore une fois vos nobles fronts couverts de
tant d'honorables cicatrices ?.....

» Braves de toute arme de l'armée française, qui
conservez encore dans votre sein l'étincelle du feu
sacré ! C'est à vous que nous faisons un généreux appel ; embrassez avec nous la cause majestueuse des
peuples contre celle d'une poignée d'oppresseurs ; la
patrie, l'honneur, votre propre intérêt le comman-
dent : venez, vous trouverez dans nos rangs tout ce
qui constitue la force , et des compatriotes, des com-

pagnons d'armes, qui jurent de défendre , jusqu'à la dernière goutte de leur sang, leurs droits, la liberté , l'indépendance nationale.

« *Vive la liberté ! Vive Napoléon II ! Vivent les braves !* »

« *Au grand quartier - général de l'armée des hommes libres , sur les Monts Pyrénées ,* la 1823.

MANIFESTE A LA NATION FRANÇAISE.

» Français !

» Les puissances étrangères proclamèrent, en 1815 , à la face de l'Europe, qu'elles ne s'étaient armées que contre Napoléon ; qu'elles voulaient respecter notre indépendance, et le droit qu'a toute nation de se choisir un gouvernement conforme à ses mœurs et à ses intérêts.

Cependant, au mépris d'une déclaration si formelle, la force armée envahit notre territoire, occupa notre capitale , et nous imposa la loi d'adopter, sans choix, le gouvernement de Louis-Xavier-Stanislas de France. Par suite d'un tel attentat à la souveraineté de la nation, un simulacre de constitution nous fut illégalement donné sous le nom de Charte constitutionnelle, et la même puissance qui nous contraignit de l'accepter, en a , par la suite, neutralisé ouvertement tous les effets.

» La haine prononcée contre Napoléon ne fut qu'un prétexte dont se servirent les souverains de l'Europe pour voiler leurs vues ambitieuses ; l'énergie de la grande nation était un trop grand obstacle au rétablissement du système général de despotisme discuté dans

le cabinet des rois ; il fallait en paralyser l'action ; et le
seul moyen d'y parvenir, c'était d'abord de la séduire,
ensuite de la tromper et la réduire : sur des bases déjà
établies reposa le grand conseil des souverains, sous
le nom de *Sainte-Alliance*, qui ne peut s'expliquer
autrement que par ces mots : *Coalisation des tyrans
contre les peuples* : l'invasion de la Pologne, celle de
l'Italie, et les calamités dont gémit l'Espagne depuis
la rentrée de Ferdinand, menacée à son tour d'être
envahie, sont une conséquence de ce principe.

» PAR CES MOTIFS, vu les derniers actes de la
» chambre des représentans du peuple français, du
» mois de juillet 1815 ;

» Vu la loi concernant les droits de la nation fran-
» çaise, dudit mois, et les constitutions de l'Etat, qui
» appellent au trône de France Napoléon II ;

» Vu la déclaration des mêmes représentans, dans
» la séance du 5 juillet, concernant les droits des Fran-
» çais et les principes fondamentaux de leur constitu-
» tion, par laquelle tous les pouvoirs émanent du peu-
» ple, attendu que la souveraineté du peuple se com-
» pose de la réunion des droits de tous les citoyens.

» Vu également la déclaration de la chambre des
» représentans, dudit jour, qui porte que le gouver-
» nement français, quel qu'en puisse être le chef, doit
» réunir tous les vœux de la nation légalement émis ;
» qu'un monarque ne peut offrir de garanties réel-
» les, s'il ne jure d'observer une constitution délibérée
» par la représentation nationale et acceptée par le
» peuple ; que tout gouvernement qui n'aurait d'autre
» titre que les acclamations et la volonté d'un parti,

» ou qui serait imposé par la force ; que tout gouver-
» nement qui n'adopterait pas les couleurs nationales ,
» n'aurait qu'une existence éphémère, et n'assurerait
» point la tranquillité de la France ni de l'Europe.

» Que si les bases énoncées dans cette déclaration
» pouvaient être méconnues ou violées, les représen-
» tans du peuple français s'acquittant d'un devoir sa-
» cré, protestent d'avance à la face du monde entier
» contre la violence et l'usurpation; ils confient le
» maintien des dispositions qu'ils proclament, à tous les
» bons Français, à tous les cœurs généreux, à tous les
» esprits éclairés, à tous les hommes jaloux de leur
» liberté , enfin aux générations futures. »

« Nous soussignés, Français et hommes libres, réunis
sur le sommet des Pyrénées et sur le sol français, com-
posant le conseil de régence de Napoléon II, protestons
contre la légitimité de Louis XVIII, et contre tous les
actes de son gouvernement attentatoire à la liberté et à
l'indépendance de la nation française.

» En conséquence, nous déclarons comme anti-
national tout attentat émané de Louis XVIII et de
son gouvernement contre l'indépendance de la nation
espagnole.

« Français, un homme généreux a osé faire parvenir
jusqu'au trône ces paroles memorables : *les peuples se
relèvent des grandes chutes !* ces paroles ont retenti
dans toute la France, et l'heure est enfin arrivée où la
prophétie doit s'accomplir. Français! obéirez-vous à
la voix des tyrans qui veulent sceller de votre sang
l'opprobre et l'infamie dont ils tentent de vous couvrir,
pour vous punir d'avoir été assez grands que de porter,
dans le dix-huitième siècle, les premiers germes de la

liberté sur tous les points de l'Europe? Non, vous cé-
derez à cette voix plus forte qui parle à vos cœurs ma-
gnanimes, et qui vous commande de vous réunir à
nous, sous les banières sacrées de l'honneur, où on ne
lit pour toute devise que *liberté, gloire et patrie.*

» Français, les intentions de la Sainte-Alliance ne
vous sont point méconnues; rappelez-vous que vous
apprîtes, en 1792, à l'Europe étonnée, ce que peut
une nation qui veut la liberté. Nous vous rapportons
l'étendard tricolore, signal de votre réveil, au même
instant où, du sommet des Pyrénées, des âmes fortes
et des bras nerveux lancent la bombe libérale qui va
faire trembler les rois absolus sur leurs trônes déjà
ébranlés par la justice de l'opinion publique; unissez-
vous à nous pour concourir à honorer de nouveau l'or-
dre social; c'est du grand quartier-général de l'armée
des hommes libres que nous vous faisons un appel
unanime; venez, vous n'y trouverez que des amis et
des frères, qui jurent de ne reconnaître et ne proclamer comme le plus puissant roi de l'Europe que le
souverain le plus constitutionnel. Telle est la force et la
volonté des lumières du siècle ! »

Les membres du Conseil de régence de Napoléon II.

A la suite de cette dernière pièce imprimée se
trouve, écrite à la main, et en forme d'instruc-
tion, la note suivante :

Nota. « Le présent manifeste ne sera livré au
» public, ainsi que la proclamation à l'armée,
» qu'au commencement des hostilités, et alors

» seulement on connaîtra le nom des signataires.
» Il serait impolitique de faire paraître ces deux
» pièces avant cette époque. Il convient cepen-
» dant que les sociétés secrètes en aient connais-
» sance, afin qu'elles agissent dans le même sens
» que nous, et qu'elles préparent dès aujour-
» d'hui dans l'intérieur de la France les élémens
» pour cela. »

Est-ce clair ?

La dernière preuve de ces complots manquait encore, et elle a été donnée. L'action devait suivre la parole pour rendre évidente à tous les yeux la sagesse de nos précautions et la légitimité de notre défense. Tout le monde sait qu'une bande de traîtres transfuges attend nos soldats à l'avant-garde de l'armée de Mina ; nous savions qu'un détachement de cette bande était parti de Bilbao au cri de *vive Napoléon II !* et portant l'uniforme de la garde du ci-devant empereur. Enfin, sur qui le premier coup de canon a-t-il été tiré en Espagne ? sur des hommes qui criaient *vive Napoléon II !* Quel est le premier signe ennemi qu'on a rencontré ? l'aigle et le drapeau tricolore.

Voilà des faits que ne détruiront jamais les sophismes révolutionnaires. Notre droit de prendre les armes contre une faction qui voudrait nous replonger dans l'abîme n'est que trop prouvé, à moins que l'on ne veuille qu'un gouvernement se laisse stupidement détruire, et qu'il attende sa chute pour démontrer qu'il était en péril.

La révolution nous a forcé de combattre ; la révolution a mal connu ses intérêts. Ce qui vient de se passer sur les bords de la Bidassoa est une immense victoire remportée sur elle. Toutes les monarchies de l'Europe vont reconnaître que nous sommes leurs véritables défenseurs. Admirons les desseins de la Providence ! C'est nous qu'elle avait réservés pour porter le dernier coup à ces doctrines de révolte et d'anarchie dont nous avions infesté le monde. Nous devions à la société européenne cette juste réparation.

F I N.

IMPRIMERIE D'ABEL LANOE, RUE DE LA HARPE.